THIS BOOK BELONGS TO

....

....

....

COLOR TEST PAGE

1- Bright Blue
2-dark Blue
3-grey
4-Red
5-green
6-yellow

4
2
4
4
1
1
1
1
1
1
1
1
1
1
1
1
1
1
1
1
5
5
3
3
1=Gray
2=Yellow
3=Dark Blue
4=Blue
5=Slightly Orange

1 - light blue   2 - blue   3 - green
4 - yellow   5 - orange   6 - dark green

1 - light blue   2 - blue   3 - yellow
4 - beige   5 - brown   6 - orange

1-Yellow   2-Grey   3-Brown   4-Black
5-Pink   6-Green   7-Red   8-Blue

1 - yellow   2 - brown   3 - green   4 - dark green

1 - black   2 - light blue   3 - blue   4 - green
5 - yellow   6 - red   7 - orange   8 - violet

1 - light blue   2 - blue   3 - green   4 - dark green
5 - yellow   6 - orange   7 - gray   8 - brown

1.BLUE 2.GREEN 3.ORANGE 4.YELLOW

1.SOFT BLUE   2.BLUE   3.YELLOW
4.ORANGE   5.SOFT RED   6.DARK GRAY

1 - blue   2 - light blue   3 - dark green   4 - green
5 - yellow   6 - orange   7 - beige   8 - brown   9 - red

1.BLUE   2.GREEN   3.YELLOW
4.SOFT ORANGE   5.ORANGE   6.BRIGHT RED

1.ORANGE   2.STRONG ORANGE   3.DARK ORANGE

4.RED   5.STRONG RED   6.CYAN   7.SOFT BLUE

8.BLUE

1.YELLOW 2.ORANGE   3.RED   4.PINK
5.DARK BLUE 6.VERY DARK BLUE

1.YELLOW   2.SOFT ORANGE   3.SOFT PINK
4.PINK   5.CYAN   6.LIGHT BLUE   7.BLUE
8.DARK BLUE   9.GREEN   10.BLACK

1.YELLOW   2.ORANGE   3.PINK   4.RED
5.BLUE   6.LIGHT BLUE

1.YELLOW 2.ORANGE 3.BROWN 4.PINK
5.GREEN

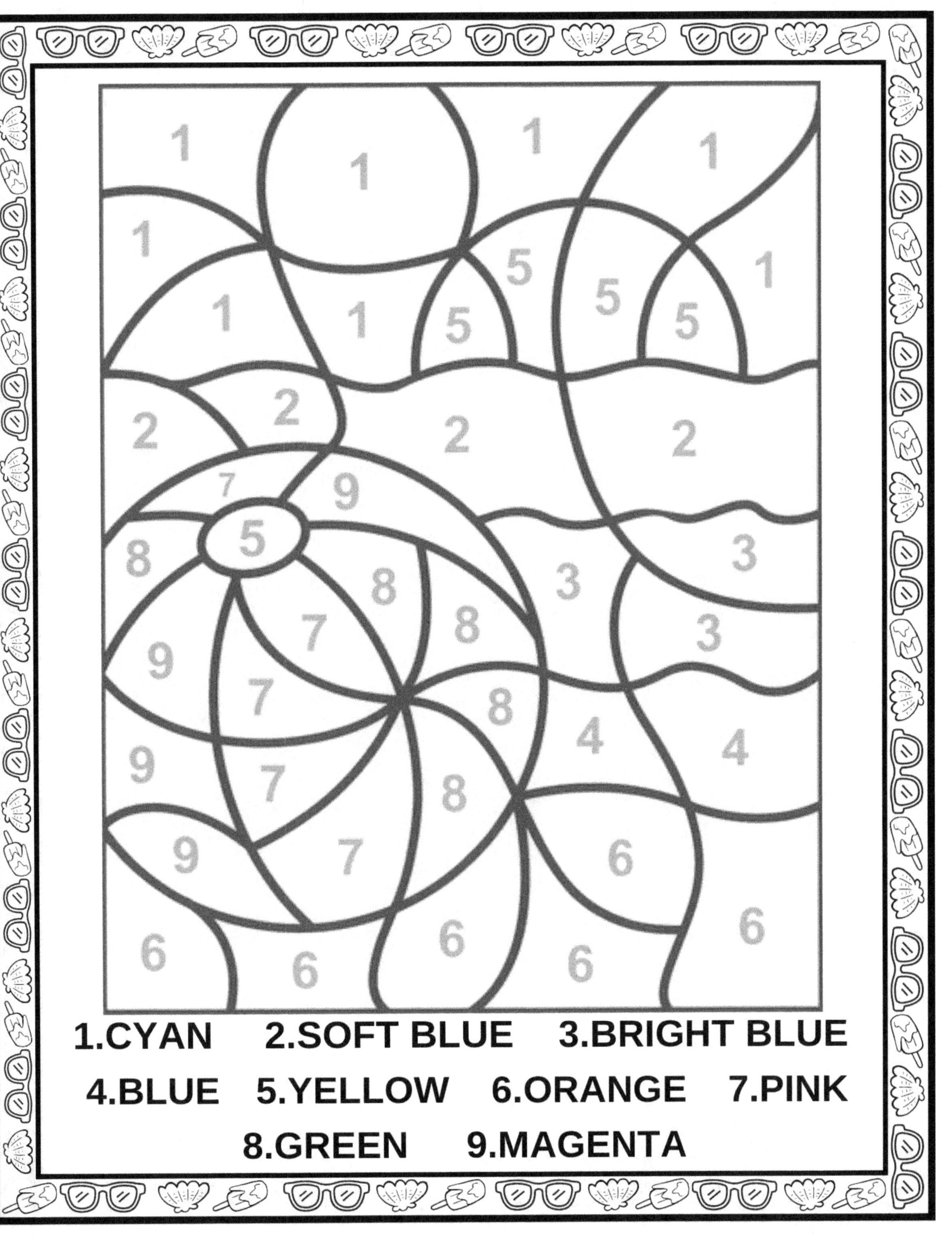

1.CYAN   2.SOFT BLUE   3.BRIGHT BLUE
4.BLUE   5.YELLOW   6.ORANGE   7.PINK
8.GREEN   9.MAGENTA

1.BLUE   2.YELLOW   3.ORANGE
4.BLUE   5.SOFT RED

1.PINK   2.YELLOW   3.GREEN   4.BLUE
5.ORANGE

1 - light blue   2 - green   3 - yellow
4 - beige   5 - orange   6 - red

1-Green   2-Orange   3-Green   4-Red   5-Dark green
6-Dark gray   7-Soft cyan   8-Bright orange
9-Soft red

1.SOFT YELLOW 2.ORANGE 3.RED
4.CYAN 5.GREEN 6.BLUE 7.DARK BLUE
8.DARK PINK

1 - pink   2 - purple   3 - light blue   4 - green
5 - yellow   6 - beige   7 - red

1-Yellow 2-Red 3-Green 4-Yellow 5-Dark green
6-Light grayish 7-Pink 8-Blue

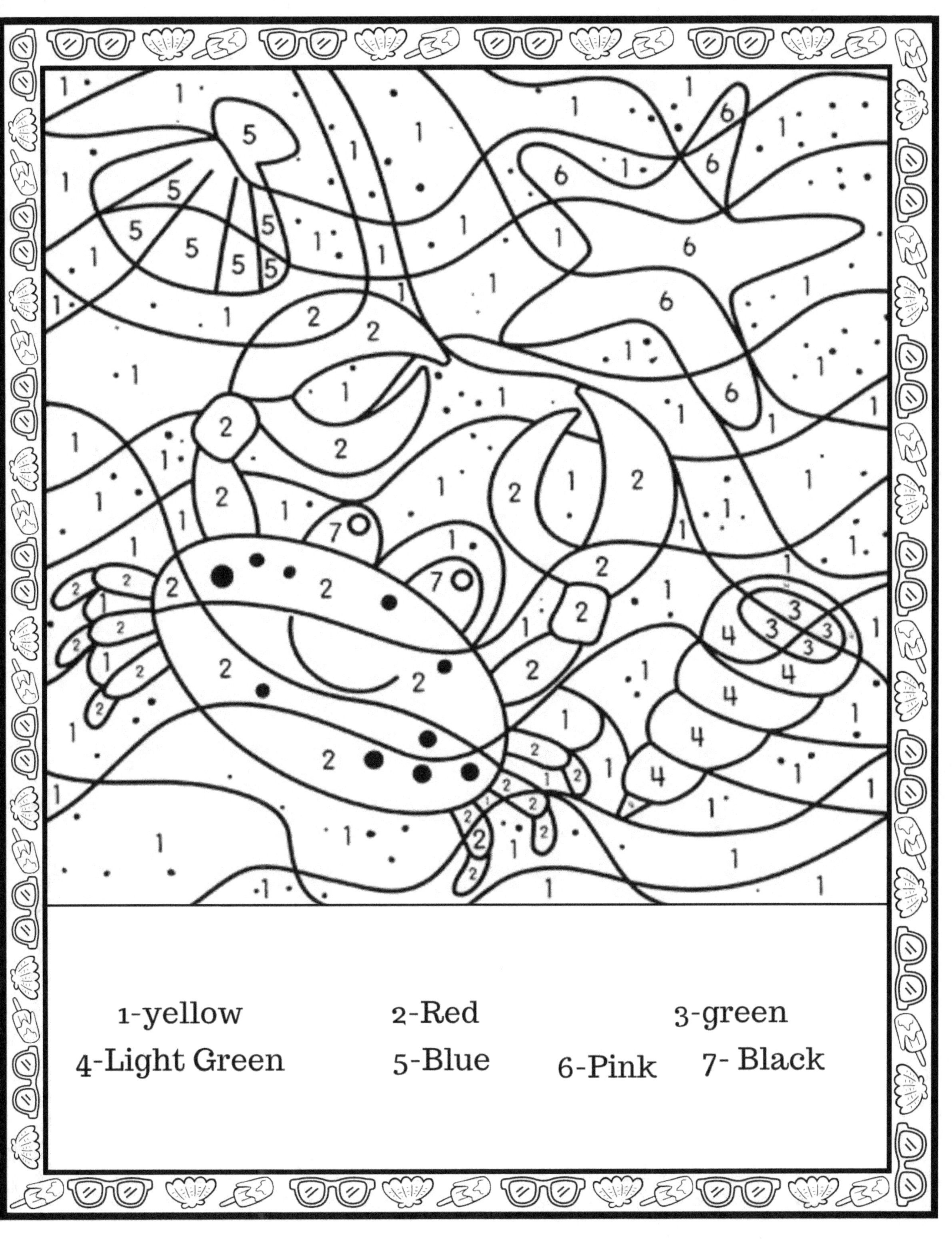

1-yellow
2-Red
3-green
4-Light Green
5-Blue
6-Pink
7- Black

1- White; 2- Red; 3- Blue; 4- Brown; 5- Gray; 6- Black

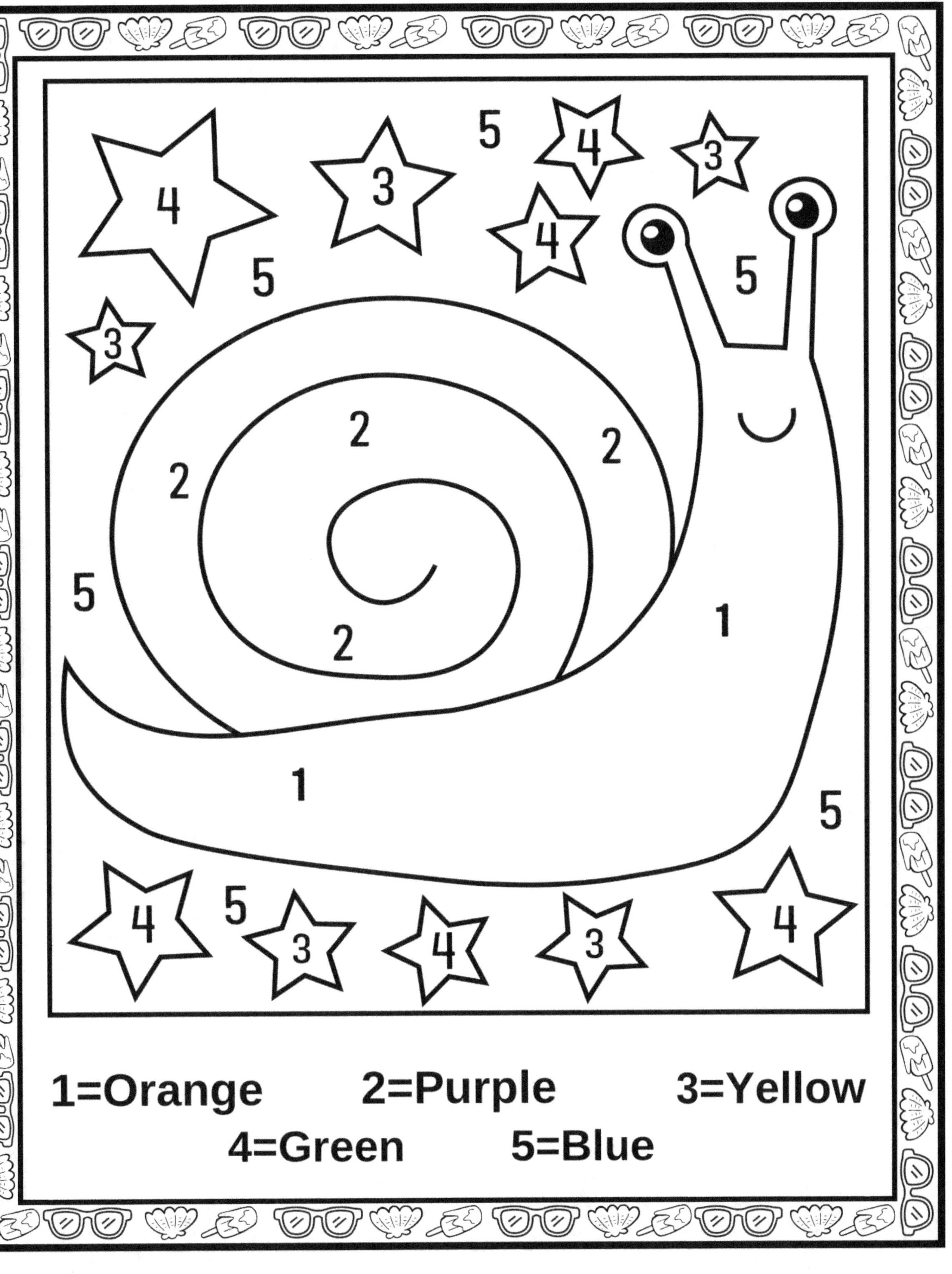

1=Orange   2=Purple   3=Yellow
4=Green   5=Blue

1 - dark blue   2 - orange   3 - yellow   4 - pink
5 - light blue   6 - green   7 - red   8 - beige

1-Blue 2-Cyan 3-Dark gray 4-Green 5-Dark green 6-Orange
7-Brown 8-Soft orange 9-Dark brown 10-Red

1-Blue   2-Light blue   3-Dark green   4-Green   5-Yellow
6-Brown   7-Beige   8-Red   9-Pink

1-Green   2-Lime Green   3-grayish   4-Blue
5-Light Blue   6-Pink   7-Dark Pink   8-Light Pink
9-Yellow

1-Yellow   2-Soft yellow   3-Orange   4-Pink   5-Light red
6-Green   7-Cyan   8-Dark cyan   9-Red

1-Pink   2-Yellow   3-Blue   4-Dark Blue   5-green

1-Blue   2-Orange   3-soft yellow   4-Light Red
5-Slightly Blue 6-Light Blue 7-Dark Blue 8-Black

1.YELLOW   2.ORANGE   3.CYAN   4.BLUE
5.RED   6.WHITE   7.DARK BLUE

1.ORANGE 2.YELLOW   3.GREEN 4.BLUE

5.LIGHT BLUE

1.YELLOW   2.LIGHT YELLOW   3.RED
4.ORANGE   5.PINK   6.BLUE   7.DARK BLUE
8.GREEN   9.WHITE

1 - brown   2 - black   3 - pink   4 - red
5 - violet   6 - yellow   7 - orange   8 - green

www.ingramcontent.com/pod-product-compliance
Lightning Source LLC
Chambersburg PA
CBHW081317250726
48662CB00008B/2609